스티븐 코비에게 배우는
효과적인 삶

옮긴이 **방영호**

경제 경영 및 인문 교양 분야 전문 번역가. 아주대학교에서 영문학과 불문학을 같은 대학 국제학부에서 유럽지역학을 전공했다. 학업을 마친 뒤 국내 여러 기업에서 마케팅 기획 및 상품 개발 관련 업무를 했다. 독자에게 세상을 보는 지혜를 전달하고자 지금 이 순간도 번역에 몰두하고 있다. 역서로 《필립 코틀러 카오틱스》, 《필립 코틀러 퍼스널 마케팅》, 《행복은 호기심을 타고 온다》, 《필립 코틀러 전략 3.0》, 《관계의 본심》, 《보스의 탄생》, 《꿈을 이룬 이가 오늘을 사는 그대에게》, 《무엇이 우리를 진화하게 하는가》, 《신뢰가 이긴다》, 《당신이 지갑을 열기 전에 알아야 할 것들》, 《전략적 I 리더십》, 《처음 20시간의 법칙》, 《지식은 아름답다》, 《직업의 종말》, 《중국은 어떻게 세계를 흔들고 있는가》 등이 있다.

성공하는
사람들의
7가지 습관
핵심 요약본

스티븐 코비에게 배우는

효과적인

삶

스티븐 코비 | 방영호 옮김

알파
미디어

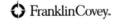

"아이들은 우리에게 끊임없이 영감을 제공합니다.
미래를 이끌어 나갈 나의 아이들에게 이 책을 바칩니다."
_ 스티븐 코비 Stephen R. Covey

CONTENTS

들어가는 글

'스티븐 코비 박사는 위대한 스승이었다!'

이는 세상 사람이 다 아는 사실이며 새삼스러운 비밀도 아닙니다. 그런데 사람들이 잘 모르는 사실이 있습니다. 코비 박사가 위대한 스승이기 이전에 학습의 대가였다는 점, 항상 무엇인가를 끊임없이 배우려고 했다는 사실을 말입니다. 그가 처음부터 스티븐 코비 박사로 태어난 것은 아닙니다. 흥미로운 생각이기는 해도 그런 일은 절대로 일어날 수 없습니다. 그의 커리어가 어느 날 갑자기 만들어진 것이 아니라는 사실은 누구나 잘 압니다. 친구들과 어울려 운동장에서 뛰어놀던 소년 시절의 코비는 공을 차고 돌아다니면서 '성공에 대한 원칙이나 교훈'을 설파하지 않았습니다. 한두 살 나이를 더 먹고 성장하면서도 친구들을 향해 '장난감을 치우고 난 뒤, 간식을 먹어야 한다!'는 식의, 소중한 일부터 처리해야 한다(**습관 3: 소중한 것을 먼저 하라**)고 강의하지도 않았습니다.

그 대신 코비 박사는 어린 시절부터 자신을 둘러싼 세상에 관심이 많았습니다. 그는 호기심이 많은 아이였고, 궁금증과 호기심을 풀고자 수많은 질문을 던졌습니다. 또한 새로운 지식을 얻기 위해 끊임없이 노력했지요. 코비 박사는 학습과 경험을 통해 새로이 깨달은 지식을 삶에 적용하며 살았습니다. 자신의 말을 실천으로 행하는 '언행일치'의 삶을 강조했던 코비 박사는 대중 강연을 통해 "말과 행동이 같아지면 내면이 굳건해지고 안정될 수 있다!"라고 말했습니다.

그는 자신을 더욱 발전시킬 원칙을 발견할 때마다 그것을 온전히, 한 치의 의심도 없이 받아들였습니다. 우리는 그 결과물을 《성공하는 사람들의 7가지 습관(The 7 Habits of Highly Effective People)》이라는 책에서 확인할 수 있습니다. 사람들은 코비 박사에게 다음과 같은 질문을 던졌습니다.

"박사님, 어디서 찾으신 거죠? 삶을 성공으로 이끄는 일곱 가지 습관에 관한 아이디어를 어떻게 찾으셨나요?"

코비 박사가 많이 듣던 질문 중 하나입니다. 이런 질문이 나올 때마다 코비 박사는 연신 미소를 짓곤 했지요. 잠시 생각에 잠겼다가 적절한 때가 왔다 싶으면, 굳게 다물었던 입을 열었습니다.

"저는 뭔가 특별한 원칙이나 진리를 찾아낸 게 아닙니다."

코비 박사의 답변은 질문을 던진 사람들을 혼란에 빠뜨렸습니다. 질문을 던진 사람들이 예상한 답이 아니었으니까요. 코비 박사는 사람들의 다음 질문이 나오기도 전에 이런 답을 내놓았습니다.

"물론 제가 그 책을 썼습니다만, 일곱 가지 습관은 제가 책을 쓰기 오래 전부터 익히 알려져 있던 자연 현상들입니다. 놀라시겠지만 당신이 생각하듯 특별할 게 없다는 이야기죠. 저는 일곱 가지 습관에서 밝힌 원칙이 주변의 자연법칙과 가깝다고 생각합니다."

코비 박사는 계속 말을 이어 나갔습니다.

"그러니까… 제가 한 일이라곤 우리 주변의 자연법칙을 많은 사람이 이해하기 쉽도록 정리하고 종합한 것이 전부입니다."

사람들은 코비 박사와 한 대화 자체가 인생 수업이었다고 말합니다. 코비 박사는 자신을 만나러 온 사람에게 손을 뻗어 힘차게 악수하며 맞곤 했습니다. 사람들은 이내 박사의 말에 이끌렸지요. 그것은 사람들을 대하는 코비 박사만의 매력이 있었기에 가능한 일이었습니다. 가족이든, 절친한 친구든, 친분이 있는 사람이든, 우연히 마주친 사람이든 누구든 간에 코비 박사의 말을 들으면 그 말에 동화되어 깊이 빠져들었습니다. 그는 사람들이 살면서 겪는 어려움과 하소연을 진심으로 경청할 줄 아는 친구였으며, 자연에서 배우고 깨달은 지혜를 사람들에게 들려주고자 했던 선생이었습니다. 코비 박사는 가족, 친구, 일, 삶 등에 관하여 곰곰이 성찰할 수 있도록 이끌었습니다. 그 결과 '스티븐 코비 박사는 위대한 스승이었다!'라는 말에 지금도 많은 사람이 공감하고 있습니다.

그가 세상에 전파한 원칙은 놀랍게도 시공간을 초월합니다. 코비 박사는 30년이 넘는 시간 동안 자신의 책에서 소개한 일곱 가지 원칙을 실천했을 뿐만 아니라, 이 원칙들을 끊임없이 재정비했습니다. 많은 사람이 일곱 가지 원칙을 깨닫고 삶에서 실천한다면 세상이 옳은 방향으로 바뀔 것이라고 믿었습니다. 그는 '어떻게 하면 사람들이 원칙을 쉽게 이해하고 삶에 잘 적용할 수 있을까?'라는 숙제를 마음에 품고 살았으며, 그것이 코비 박사의 인생이었습니다.

이 책을 접한 독자들은 분명히 삶에 도움이 되는 영감을 얻을 것입니다. 본문에는 사람들에게 잘 알려지지 않은 코비 박사의 미공개 메시지, 다양한 예화, 경험담 등이 포함됩니다. 이 책은 코비 박사의 지혜와 조언을 간결하게 정리하고자 한 노력의 결과입니다. 책의 후반부에는 스스로 '효과적인 삶으로 이끄는 질문'을 던져 보는 시간을 갖게 되는데, 이것은 '습관 2: 끝을 생각하며 시작하라'라는 테마와 밀접한 연관이 있습니다.

우리가 어떤 계획을 세울 때, 그 일의 마지막 모습을 상상하는 일이 중요합니다. '효과적인 삶으로 이끄는 질문'은 코비 박사의 주요 메시지를 다시 한번 확인하고 자신의 것으로 만드는 데에 도움이 됩니다. 자기 성찰에 도움이 되는 질문을 던짐으로써 삶이 극적으로 변하는 경험을 누리시기 바랍니다.

이 책은《성공하는 사람들의 7가지 습관》에 나오는 내용에서 핵심만을 모아 정리한 핵심 요약본입니다. 여러분은 간결한 내용 뒤에 숨은 삶의 교훈, 성찰의 무게 등을 발견할 것입니다. 이 책을 읽고 여러분의 삶, 나아가 주변 이웃들의 삶을 강력하게 변화시켜 보세요.

위대한 스승 코비 박사는 이제 우리 곁에 없지만, 그가 남긴 수많은 이야기들은 오래도록 우리의 삶 속에서 빛을 발할 것입니다.

스티븐 코비와 함께한 사람들 Stephen Covey's Colleagues

자연에서 배움을 시작하며

'숨을 크게 들이마신다.'
'들이마신 숨을 내뿜는다.'
'이를 반복한다.'

제프Geoff는 이렇게 할 작정이었다. 정말이다. 제프는 몇 분간 모든 연락을 끊을 생각이었고, 끝내주는 날씨를 즐길 계획이었다. 뭐 이런 벤치가 있나? 싶은 낡은 벤치에 앉아 공원에서 뛰어노는 딸내미 몰리Molly의 재잘거림을 들으며 빈둥거릴 터였다.

휴대 전화를 확인하는 일도 없을 것이며, 새로운 메시지 수신음인 '딩동!' 소리에 귀를 쫑긋 세우지도 않을 작정이었다. 그렇게 할 생각이었다. 그런데 바로 그 순간….

딩동!

흠… 메시지 수신음이 제프의 계획을 벌써부터 방해하고 있었다. 그렇다 해도 제프는 휴대 전화를 들여다볼 생각이 없었다. 답장을 보낼 것도 아니었다. 아내의 문자가 아니라면, 아내가 뭘 부탁한 게 아니라면, 급한 용무가 아니라면, 답장을 보내지 않아 곤란을 겪는 일이 없을 것이다. 제프는 휴대 전화를 바라보며 자신에게 온 메시지를 확인해야 할지 말지 잠시 고민했다.

"아빠, 아빠!"

제프는 자신의 어깨 너머에서 소곤거리는 몰리의 가냘픈 귓속말을 듣고, 휴대 전화로 향하던 자신의 팔을 거두어들였다. 그러고는 왜 몰리가 귓속말을 했는지 알아보기 위해 고개를 돌렸다. 처음에는 작은 속삭임이었지만, 몰리는 점점 더 목소리를 높여 갔다. 무엇인가가 딸의 손아귀에서 천천히 움직이고 있었다.

"아빠, 여기! 무당벌레!"

정말이었다. 몰리의 손을 기어오르는 것은 작은 점무늬가 박힌 무당벌레였다. 무당벌레는 오목한 임시 감옥에서 빠져나와 자신이 갈 길을 찾고 있었다.

"아빠, 무당벌레의 점을 세어 봐요. 그럼 얘가 몇 살인지 알 수 있대요!"
"점으로 무당벌레의 나이를 알 수 있다고? 음… 아빠는 그 말을 못 믿겠구나. 그건 진실이 아닐 거야."

제프의 말이 끝나자마자 몰리는 다시 말했다.

"아빠! 학교 과학 선생님이 점을 세 보라고 그러셨어요. 무당벌레는 해마다 생일이 지나면 새로운 점이 등에 생긴다고요."

제프는 그 정보가 사실이 아니라는 것을 좀 더 분명히 강조할 참이었다. 그러나 무당벌레는 마침내 자신에게 날개가 있다는 사실을 기억해 냈다. 그러고는 몰리의 작은 손바닥을 떠나 다른 곳으로 날아가 버렸다. 그러는 바람에 제프는 딸과의 논쟁을 피할 수 있었다. 만약 무당벌레가 날아가지 않았더라면, 몰리는 아마 이렇게 말하며 자신이 방금 했던 주장을 굽히지 않았을 게 분명하다.

"아빠보다 더 많은 걸 아는 분이 우리 선생님이라고요!"

제프는 몰리에게 질문했다.

"무당벌레들이 왜 그러는지 궁금하구나."

"뭘 말이죠?"

제프는 잠시 웃음을 지었다가, 말을 부드럽게 이어 나갔다.

"무당벌레가 자신에게 날개가 달렸다는 점을 왜 그토록 오랫동안 잊고 있었을까? 무당벌레는 자신에게 처한 위기에도 꼼짝 않고 있었지. 언제든지 날아가 버릴 수 있는데도 그러지 않았지. 어쩌면 사람이 그러하듯 무당벌레도 자신이 갖고 있는 능력을 잊고 있었던 건 아닐까?"

"아빠, 사람들이 무엇을 잊고 있다는 거죠?"

"우리 안에 있는 어떤 힘을 말하는 거란다. 무당벌레가 날 수 있는 것처럼 말이야."

"아빠는 날개가 없잖아요. 무당벌레처럼 절대 날 수 없어요."

몰리가 키득거렸고, 제프는 한숨을 쉬었다. 몰리의 말이 맞다. 그가 하늘을 나는 일은 부단한 연습이 뒤따른다 한들 결코 일어날 수 없는 일이다. 그렇더라도 제프 안에 숨어 있는, 즉 내면의 어떤 힘은 놀라운 결과를 만들어 낼 수도 있다. 하지만 그가 지닌 힘이나 에너지는 분명 제프를 녹초로 만드는 출퇴근 시간 즈음이면 줄어 있을 것이 분명하다. 삶에 치여 잊고 지낼 것이기 때문이다.

"몰리, 엄마와 아빠가 놀라운 일을 해낼 수 있다는 걸 모르겠니? 맞아, 엄마와 아빠는 무당벌레나 새처럼 하늘을 날 수는 없지. 그렇지만 엄마와 아빠가 정말 멋진 사람들이라는 사실만큼은 변하지 않는단다. 그걸 까먹을 때가 있다는 게 문제라고나 할까."

"왜 까먹는 거죠?"

제프는 설명을 이어 나갔다.

"잠시 길을 잃는 게 아닐까? 몰리, 혹시 기억하니? 좀 전에 무당벌레가 날아가지 않은 채 몰리 손바닥 위에서 이리저리 옮겨 다니던 모습을 떠올려 보렴. 사람도 마찬가지가 아닐까 싶어. 사람도 잠시 뭔가에 갇힐 때가 있지. 그렇게 갇혀 있으면서도 누구나 일상에서 흔히 겪는 일이라고 생각하지. 꼼짝 않고 손 위에 머물러 있던 무당벌레의 행동은 비유하자면 이렇단다. 사람들이 매일 처리하는 일, 미팅, 전화 회의 같은 것일 수 있지. 물론 아이들의 축구 경기도 마찬가지일 테고…."

제프의 말을 잠자코 듣던 몰리가 물었다.

"아빠는 내 축구 경기에서 꼼짝 못 해요?"

"그렇지 않아. 축구 경기를 할 때 아빠는 아빠의 날개를 잊지 않는단다. 아빠는 몰리가 뛰어다니며 실력 발휘하는 걸 지켜보며 흥분할 거란다. 그리고 이런 생각이 들겠지. 아빠가 날 수 있다는 걸 말이야.

아빠에게 몰리는 특별한 존재란다. 너는 늘 놀라운 결과를 불러일으키는 마술사라고 생각해!"

"아빠!"

몰리가 제프를 바라보며 외쳤다. 귀청이 터지도록….

"아빠는 나에게 날개가 있다고 생각해요?"

보는 것은 도전이다. 우리 주변 모든 것에서 가르침을 얻을 수 있다.

_스티븐 코비

자연을 들여다보는 것만으로 위대한 교훈을 얻을 수 있다고 스티븐 코비 박사는 믿었다. 이러한 이유에서 코비 박사는 탁트인 야외에서 리더십 세미나를 열었다. 박사는 세미나에 참석한 사람들에게 약속했다.

자연환경, 주변 사람, 영원불변의 원칙에 마음을 연다면, 여러분은 지도자가 되는 도전과 기회에 관한 개인적이고 구체적인 대답을 얻을 것입니다.

코비 박사는 이를 선댄스의 약속Sundance Promise이라고 했는데, 미국 유타Utah주에 있는 로버트 레드포드Robert Redford의 리조트이자 수많은 리더십 수련회가 열리는 선댄스 리조트의 이름을 딴 것이다.

제프가 무당벌레의 특이점을 바탕으로 딸 몰리에게 즉각적인 교훈을 전달했듯이, 우리가 기꺼이 배움에 마음을 열고자 할 때 자연은 늘 위대한 진실을 가르친다고 코비 박사는 확신했다.

이제 코비 박사가 전수하는 진리에 관한 영원불변의 원칙들, 특히 모든 사람이 자연에서 깨닫는 삶의 진실과 관계된 내용을 다룰 것이다. 각각의 메시지는 코비 박사가 직접 남긴 말을 인용했으며, 한층 더 성공한 사람을 수용하는 방법에 관한 근본적인 가르침을 제공한다.

코비 박사의 메시지가 강력하고 아름다운 문장으로 구성되어 있다 한들, 행동으로 실천하지 않으면 아무런 소용이 없다. 또한 그것을 받아들이지 않으면 쓸모가 없다.

코비 박사는 말한다.

"알면서 실행에 옮기지 않는 것은 알지 못하는 것입니다."

효과를 극대화한 삶이 효율성을 높인 삶을 의미하지는 않는다. 코비 박사는 개인이 최소한의 노력으로 삶을 개선하는 법을 말하지 않는다.

코비 박사가 말하는 효과적인 삶을 사는 5가지 방법

- **자연이 우리에게 자연법칙을 가르치도록 하라:** 자연법칙에서 발견한 원칙을 인식하고 삶의 모델로 만들어라.
- **자연이 우리의 자아 인식을 확대하게 하라:** 개인의 패러다임을 점검하여 이를 더 많이 인식하고 개인의 책임감을 행동으로 옮겨라.
- **자연이 인간관계를 발전시키는 법을 가르치도록 하라:** (이런저런 것이 아닌) 사람에게 집중력을 발휘하여 개인의 삶과 인간관계에서 리더가 될 기회를 모색해라.
- **자연이 우리의 선택을 이끌어 가게 하라:** 올바른 선택을 해서 영향력을 키워라.

- **자연이 우리에게 다양성을 존중하는 법을 보여 주게 하라:** 우리 주변에 존재하는 다양한 것을 소중히 하라.

독서 차원을 넘어 코비 박사가 말한 7가지 습관을 직접 체험해 보자. 코비 박사가 전하는 메시지는 다양한 인용문과 경험담, 인포그래픽을 바탕으로 영감을 불러일으킨다. 이를 통해 여러분은 코비 박사의 ≪성공하는 사람들의 7가지 습관≫을 현실에 실제 적용할 수 있다.

책에 있는 성공 수첩을 작성하며 성공하는 삶을 직접 체험해 보자. 코비 박사의 메시지를 실생활에 적용시킬 때 성공 수첩이 도움이 될 것이다. 자기 성찰의 질문을 던짐으로써 원하는 변화에 도달하는 단계를 구성하고 그 도구를 스스로에게 제공하길 바란다. 각각의 순서를 모두 활용하기 바란다.

이 책으로 여러분의 삶을 성공으로 이끌어라!

chapter

1

자연에서 배우는 교훈 하나

자연법칙 적용하기

성공

나는 당신이 얼마나 성공하고, 부를 쌓고, 많은 성과를 달성하는지 관심이 없다. 당신이 얻을 수 있는 최고의 감정은 가장 순수한 형태의 자연으로 돌아가서 잔디를 밟고 걷거나 나무 주위를 돌아다니며 얻는 것이다.

자연과 함께하면,
자연은 성과를 내지 못할 때 받는 스트레스, 모든 무의미한 활동에서 당신을 벗어나게 한다.
당신은 생각을 하며 내면을 성찰한다.
스스로를 들여다보며 평화로운 환경을 만든다.

인위적인 삶을 살면,
자연과 함께하는 소중한 시간이 없으면, 당신은 깊이 생각하지 않는다.
계획을 수립할 기회를 만들지 않는다.
위기관리를 하면서 여러 실수를 저지른다.
계획 수립이나 사전 준비 없이 즉각적인 결정을 내린다.
원하는 비전과 그 비전이 어떻게 펼쳐질지 생각하지 않는다.

우리가 집에서 체험하는 것이 자연이다.

바로 이것이 삶의 기본적인 현실이 분명해지는 이유다.

우리가 인위적인 세상에서 편안함을 찾으려 할 때,

우리가 통제하고 있다고 생각하고,

기계적인 패러다임으로 삶을 들여다보고,

다른 사람을 '고치려' 들고,

'할 일 목록'에 체크를 하며 삶에서 만족을 느끼려다,

결국 부정적이고 안 좋은 감정을 품은 채 쳇바퀴를 도는 다람쥐처럼 점점 더 빨리 달려가고 만다.

'물고기는 마지막에 가서야 물을 발견한다.'는 프랑스 속담이 시사하듯, 자신을 둘러싼 환경의 중요성을 그것이 사라질 때야 깨닫는 우를 범하지 말아야 한다.

인과관계 찾기

나는 때에 맞추는 법을 배웠기에 집으로 돌아
오는 자동차 안에서 서쪽 하늘로 아름답게
물드는 저녁노을을 바라보며 운전을 한다.

태양은 나를 평온하게 한다.
그러면서 내게 관점을 제공한다.

'내 앞에 끔찍한 교통 체증이 펼쳐져 있어. 트럭들이 내 옆을 가로막고 있어. 모든 게 엉망진창이야. 내게 좋은 일이 생길 거라곤 생각조차 할 수 없어.'

이런 생각이 들 때 저녁에 드리우는 석양을 바라보라!
그 주위의 구름을 따라가 보라.
산 위로 반사되는 모습을 바라보라.
어떻게 석양이 산등성이에 쌓인 눈을 반짝이게 하는지
바라보라.

그럴 때 여러분은 모든 요소를
인과관계의 측면에서 바라보게 된다.

변화는 삶의 필수 요소

자연은 우리를 깨우치게 한다. 변화가 삶의 필수 요소임을.
씨앗은 변화한다. 계절은 바뀐다. 날씨도 바뀐다. 사람도 변화한다.
우리는 발전하고 성장하며 끊임없이 변화하는 환경의 일부다.
변화를 거치면서 우리는 발전된 조직, 생산적인 팀, 조화로운 가족, 더
나은 자신을 만들어 간다.

우리가 정체된 환경에서 살아가고 있다고 느끼고, 이를 바꾸려 할 때
문제가 생긴다. 어느 한 부분에 문제가 생겨 작동이 제대로 되지 않을
때 전자 제품을 수리하듯, 사람들을 고치려고 프로그램을 설치하고
대인 관계를 바로잡으려 하는 것이다.

선댄스의 약속

자연환경, 주변 사람,
영원불변의 원칙에 마음을 연다면
여러분은 지도자가 되는 도전과 기회에
관한 개인적이고 구체적인
대답을 얻을 것이다.

보이스카우트 시절의 일화

"내가 보이스카우트 활동을 하던 시절, 우리 분대장은 숲속에서 일어나는 일과 동식물에 대해 관심이 많고 조예가 깊은 사람이었다. 그는 아무 말 없이 우리를 숲으로 데려가서는 나무, 새, 식물, 야생동물 등 우리가 관찰한 모든 것을 설명하게 했다. 우리의 관찰력은 그에 비하면 턱없이 부족했으며 그의 마음을 절반도 만족시키지 못했다."

"여러분 주변에 있는 모든 것이 창조물이다."
분대장은 온 세상을 다 끌어안을 듯 팔을 휘저으며 외치곤 했다.

"그런데도 여러분은 자연 속으로 들어가지 않고 있어. 자신의 감정을 표현하지 못하는 사람이 되지 말 것! 이제부터 억수같이 쏟아지는 비를 그대로 맞아 볼 것!"

하루가 주는 교훈

친구 하나가 내게 이런 이야기를 한 적이 있다. 식물이든 동물이든 곤충이든 모든 살아 있는 생물은 그 나름의 자연 서식지를 가지고 있다고. 건강한 일상의 삶을 살고자 한다면 그 환경 내에서 살아야 한다는 뜻이 아닐까.

친구가 말한 것처럼 '인간의 자연 서식지는 정원이다.' 정원 안에서 우리는 현실을 있는 그대로 바라본다.

나뭇가지가 바람에 살며시 움직이거나 구름이 하늘을 조용히 이동하는 모습이 눈에 들어올 때, 물이 좌르르 흐르는 소리나 새들이 지저귀는 소리가 귀에 들릴 때 영혼이 평온해지기 시작한다.

평온은 우리에게 역동적이며 창의적인 사고와 창조적인 커뮤니케이션을 선물한다.

"하지만 오늘을 사는 우리는 전화벨 소리, 기계 돌아가는 소리, 자동차 경적 소리 등 소음을 떠나서는 단 하루도 살 수가 없다. 우리는 매분 매초 전화선과 전신주, 잡동사니, 쓸모없는 물건으로 넘쳐 나는 현실 세계를 볼 수밖에 없다. 이 모든 것은 평온이 아닌 긴장을 불러일으킨다. 이를 해결할 열쇠는 자연과 주변 세상에 있다. 하루하루 속에서 깨달음을 얻어야만 한다."

자연에는 계절이 있다

곡식을 수확하려면 농사를 준비하고 씨앗을 뿌리는 시기, 논에 물을 대고 곡식이 잘 자라도록 관리하는 시기, 수확하는 시기(농사 활동이 매우 활발히 이루어지기도 하는 시기)를 거쳐야 한다.
어떤 시기는 불균형하게 진행되지만, 각각의 시기는 전체가 균형을 이루게 한다.

우리 삶, 우리가 몸담고 있는 집단 또한 여러 시기를 거친다.
갓 태어난 아기는 불균형한 시기를 거치며 자라기도 한다. 새로이 시작한 사업이나 도전 때문에 불균형한 시기가 형성될 수도 있다.
그럼에도 효과적으로 대처한다면, 불균형한 시기들이 전체의 균형을 이루는 데 도움이 된다.
성공을 추구하는 과정에서는 반대 현상이 일어나기도 한다.

자연은 반대와 도전의 가치를 알려 준다. 개울이 소용돌이치면 물이 깨끗해진다.

나비는 고치를 뚫고 나올 때 비로소 충분한 힘을 얻어 날갯짓을 한다. 우리 삶도 우리가 속한 집단도 마찬가지다. 우리는 근육을 단련(육체적·정신적·도덕적 단련)함으로써 근력을 강화하고 몸의 퇴화를 방지한다.

리더는 도전과 실패, 삶의 다양한 문제를 접하며 배우는 법을 터득하고 삶을 향상시킨다.

농장의 법칙

농장의 법칙을 생각해 보자. 봄에 빈둥거리고 여름 내내 놀다가 가을이 시작되면 땅에 씨앗을 뿌려 몇 주 뒤에 곡식을 풍성하게 수확할 수있을까? 말도 안 되는 생각이다. 마찬가지로 계획 수립과 사전 준비를등한시하고 대인 관계 구축을 기피하고 문제를 회피한다면, 영향력있고 성공하는 가족이나 조직을 결코 이룰 수 없다.

농장의 법칙은 우리가 어떠한 씨앗을 뿌리든지 간에 결과를 거둔다는사실을 알려 준다. 리더로서 사람을 속이고 험담하고 상대방을 이용하거나 정치 게임을 하면서 불신의 씨앗을 뿌린다면 신뢰하는 문화에서 얻을 수 있는 혜택을 거두지 못한다. 단기간에 성과를 얻더라도, 그것은 지속되지 않는다.

농장의 법칙은 장기간에 걸쳐 작용한다. 성장을 관할하는 법칙을 아무 탈 없이 어길 수는 없다. 잡초를 심고서 완두콩을 수확하는 일은 절대 일어나지 않으니까.

우리는 살아가면서 계속해서 미지의 것들과 만날 수밖에 없다. 우리는 농부처럼 매년 농작물을 수확하면서 어떤 일을 겪을지 정확히 예측하지 못한다. 날씨와 여러 여건을 예측할 수 없기 때문에 농작물을 수확하는 시기가 변경될 때도 있다. 언제 어떤 요인 때문에 농작물이 파손될지 모른다. 그럼에도 농부는 농지를 개간하고 씨를 뿌리고 농작물을 키우고 농장을 잘 운영하기 위해 할 수 있는 모든 일을 하며, 우리는 농부에게서 뿌린 대로 거둔다는 사실을 여전히 배운다.

개별적인 일을 늘 예상할 수 없다고 해도 그 패턴은 예상할 수 있다. 원칙의 관점에서 사고하고 원칙에 충실하며 결과에 대한 믿음을 지켜나갈 때 결국 결과가 창출된다.

정원이 주는 교훈

정원은 훌륭한 친구이자 좋은 동료가 되는 법을 가르쳐 준다. 또한 어떻게 인간관계를 형성해야 하는지 내게 깨우쳐 준다. 정원은 삶의 결실을 누리는 즐거움을 얻기 위해서 활동을 해야만 한다는 사실을 알려 준다.

결실을 얻기 위한 활동은 쉽지 않다. 좀처럼 진전을 못 하는 경우도 있다. 그럼에도 씨앗은 자라고 열매를 맺는다. 정원을 가꾸는 일, 그 경험을 내 교육과 철학에 긴밀히 연결 지음으로써 나는 내가 삶에서 직면하는 모든 일을 이해하고 그에 감사하게 되었다고 생각한다.

chapter

2

자연에서 배우는 교훈 둘

자아 인식 확대하기

궁극의 자유란

우리에게 궁극의 자유란
자신 밖의 누구이거나
무엇이 우리에게 영향을 미치는 과정을 결정하는 권리와 힘이다.

객관적 자아 성찰

우리 자신을 외부로부터 객관적으로 들여다보기 전까지
우리는 우리의 동기를 다른 사람에게 투영한다.

기대와 결의

우리의 관심이 어디에 속해 있는지 판단하는 방법 중 하나는 우리의
관심이 기대하는 것인지 결의하는 것인지 파악하면 된다.

'관심의 원'은 기대의 표현으로 가득 차 있다.

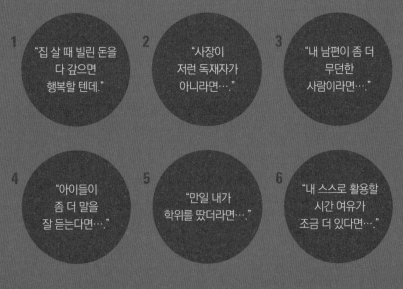

1 "집 살 때 빌린 돈을
다 갚으면
행복할 텐데."

2 "사장이
저런 독재자가
아니라면⋯."

3 "내 남편이 좀 더
무던한
사람이라면⋯."

4 "아이들이
좀 더 말을
잘 듣는다면⋯."

5 "만일 내가
학위를 땄더라면⋯."

6 "내 스스로 활용할
시간 여유가
조금 더 있다면⋯."

'영향력의 원'은 결의의 표현으로 가득 차 있다.

1
나는 좀 더 참을성 있는
사람이 될 수 있다.

2
나는 현명하게
될 수 있다.

3
나는 사랑을
나누어 줄 수 있다.

성품의 초점을 어디에 맞출 것인가

문제가 '외부'에 있다고 생각한다면, 그 생각 자체에 문제가 있다. 외부의 것에 우리를 통제할 수 있는 권한을 주기 때문이다. 이때 변화 패러다임은 '외부에서 시작하여 내면으로' 향한다. 자기가 변화하기 이전에 외부의 것이 변화해야 한다고 생각하는 것이다.

효과적인 삶

나는 효과적인 삶을 위한 원칙을 연구하면서 평생을 보냈다. 개인과
대인 관계에서 효과성이 필수 요소이기는 하나, 오늘날의 환경에서는
시장 진입의 요건일 뿐이다. 요즘은 효과성을 넘어 리더십의 위대함
이 요구된다. 위대한 리더가 되는 일은 하나의 여정이며, 그 여정은 모
든 과정이 가치로 가득 차 있다. 그 과정은 중요한 도전뿐 아니라 환희
로 가득한 성공으로 충만하다. 그 여정에 온 것을 환영한다.

리더가 될 것인가,
희생자가 될 것인가

그 어느 때보다 둘 사이의 절충점이 없어진 오늘날을 사는 우리는 선택의 기로에 서 있다. 개인, 가족, 사업체, 공동체의 삶을 효과적으로 이끌든가, 우리를 둘러싼 상황과 환경에 휘둘리게 된다.

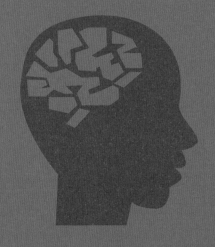

각각의 습관을 실행하는 일은 주도적인 근육을 키우는 일과 같다. 각각의 근육은 우리가 행동으로 옮기는데 필요한 책임감을 부여한다. 실행이 되길 기다리면, 수동적 행동이 일어나기 마련이다. 성장과 기회는 어느 한쪽 길로 들어서면 다른 결과로 나타난다.

공격받을 때

당신은 이런 질문을 할지도 모른다.
"다른 사람이 나를 공격하는데 어떻게 긍정의 시너지를 선택할 수 있지?"

다른 사람의 패러다임을 통제할 수는 없지만 우리는 적대적인 환경에 둘러싸인 상황에서도 우리 내면에서 시너지를 발휘할 수 있다.

우리는 공격받지 않는 선택을 할 수 있으며, 우리를 공격하는 상대를 찾아내어 상대의 이야기를 공감하며 들을 수 있다.

또한 우리 자신의 관점을 확장하고 공감만 해도 갈등을 풀 수 있다는 사실을 발견할 수 있다.

규율은 내면에서 생겨난다

당신이 당신 자신에 대한 효과적인 관리자라면, 당신의 규율은 내면에서 생겨난다. 규율을 지닌다는 것은 당신의 독립 의지가 작용하는 것이다.

당신은 당신 자신만의 심오한 가치와 그 근원에 대한 신봉자이자 추종자다. 당신은 당신의 감정과 충동, 기분보다 그 가치를 우선시하는 의지와 진정성을 지닌다.

누구나 리더가 될 수 있다

나는 지도자로서 막중한 역할과 지위를 지닌 소수 사람을 리더라고 말하지 않는다. 그런데 사람들은 리더라고 하면 흔히 기업체의 대표나 CEO를 떠올린다.

리더십에 관한 이런 관점은 산업화 시대에 만들어졌다. 우리는 오래 전부터 계층을 구분하는 사고를 했다. 그런데 리더는 우리 자신의 삶을 이끌어 가는 리더, 동료 사이에서의 리더, 자기 가족 안에서의 리더로서 역할을 하는 능력을 뜻해야만 한다. 스스로의 삶에 대한 능동적이고 창의적인 힘을 발휘하는 능력을 말하는 것이다.

전정한 리더는 성공을 스스로의 용어로 정의한다. 다른 사람이 나 대신 성공을 정의하길 기다리지 않는다. 스스로를 영향력 있고 재능을 지닌 사람으로 바라보기 때문이다.

진정한 리더는 다른 누구도 아닌 스스로와 경쟁하는 사람이다. 경제적 관점에서 보자면 리더는 자신이 제공할 수 있는 것에 대한 유일한 공급자이기 때문에 자신의 재능을 최고 입찰자에게 선보일 수 있다. 그런 리더는 스스로 미래를 창조하며, 자신과 다른 이들을 존중한다.

인간은 두 가지 **천부적인 능력**이 있다. 그 능력은 **우리의 주도성을 확대**하고 우리 삶에서 개인의 리더십을 **단련**한다.

1 상상력

우리는 상상을 하면서 아직 창조되지
않았으나 우리 안에 존재하는 무한한
가능성의 세계를 그릴 수 있다.

2 양심

양심을 통해 독자적인 재능과 수단을
발휘함으로써 보편적인 법칙과 원칙에
접촉할 수 있다.

이 두 가지 능력은 자기 인식과 결합하여 우리 자신의 각본을 다시 쓰게 한다.

우리는 이미 우리에게 넘겨진 수많은 각본을 지니고 살고 있다. 우리 자신의 각본을 쓰는 일이 '재각본화' 또는 '패러다임의 변화'가 일어나는 과정에 가까운 이유다. 우리가 이미 가진 기초적인 패러다임 중 일부를 변화시키는 것이다.

우리 안에 존재하는 비효율적인 각본, 부정확하거나 불완전한 패러다임을 인식할 때 우리는 주도적으로 나만의 각본을 다시 쓸 수 있다.

chapter

3

자연에서 배우는 교훈 셋

인간관계 쌓는 법 배우기

제1 상한

다른 것이 아닌 사람에 초점을 맞춘 패러다임이기 때문에 제1 상한*
에 집중해야 한다. 이는 일정의 강행이 아닌 대인 관계에 초점을 맞추
는 것이다. 효율성이 아닌 효과성에 초점을 맞추며, 자원 관리가 아닌
개인의 리더십에 초점이 맞춘다.

---

* 가정이나 직장에서 하는 모든 활동은 긴급성과 중요성에 따라 4가지 상한(사분면)으로 나
누어 생각할 수 있다.
 제1 사분면: 긴급함+중요함
 제2 사분면: 긴급하지 않음+중요함
 제3 사분면: 긴급함+중요하지 않음
 제4 사분면: 긴급하지 않음+중요하지 않음   _ 옮긴이

희생

효과적인 삶(성공하는 삶)을 살기 위해 우리는 자만심을 버리고 겸손을 추구해야 한다. 이것이 바로 오늘날 요구되는 희생의 본질, 즉 자아의 희생이다. 우리는 상호 존중의 정신으로 서로가 우리의 관계 속으로 들어가야 한다.

'끝을 생각하며 시작하라'는 무엇을 의미하는가?

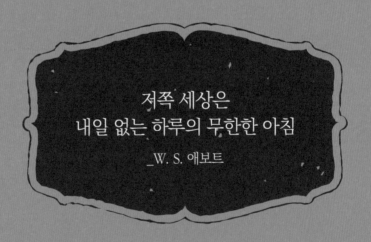

저쪽 세상은
내일 없는 하루의 무한한 아침

_W. S. 애보트

위대한 사람의 무덤을 바라볼 때 시기심이 사라진 것을 경험한 적이 있는가? 미인의 묘비명을 읽을 때 모든 무절제한 욕망이 사라진다. 아이 묘비에 새겨진 부모의 슬픔을 읽을 때 나의 마음은 동정으로 누그러진다.

부모의 무덤을 볼 때 곧 따라가 만날 사람을 그리워하며 슬퍼하는 것이 얼마나 헛된 일인지 생각하게 된다.

쫓겨난 왕이 그를 쫓아낸 사람과 나란히 묻혀 있는 것을 볼 때, 서로 경쟁하고 다투던 사람들이 나란히 묻혀 있는 것을 볼 때, 세상을 시끄럽게 하고 놀라게 한 성인의 무덤을 볼 때, 나는 인간의 하잘것없는 경쟁, 불화, 논쟁에 대해서 슬픔과 놀라운 생각에 젖는다.

묘비에 적힌 날짜를 읽어 보면 어제 죽은
사람도 있고 6백 년 전에 죽은 사람도 있
다. 이를 보며 나는 우리 모두가 부활하여
천국에서 함께 사는 그날을 생각한다.

먼저 자신을 들여다보라

인간관계를 향상하려면 남이 변화하기를 바라지 말고 쉬운 지름길을
찾지 마라.

자신을 들여다보라. 자신에게 정직하라. 문제의 근원은 영적인 차원
에 있다. 영적 쇄신이 뿌리를 바꾸는 해결책이 된다.

원칙의 기반 위에서 자신의 성품을 만들고 인간관계를 발전시켜라.

신뢰

신뢰는 삶의 접착제다. 신뢰는 효과적인 소통에 필요한 필수 요소이
며, 모든 인간관계의 중심이 되는 기본 원칙이다.

절제된 판단

우리는 우리의 의도를 보고 나 자신을 판단한다. 남에 관해서는 그들의 행동을 보고 그들을 판단한다.

우리는 노동력(손이나 짐을 짊어질 등)을 살 수 있을지 몰라도 마음, 정신, 영혼은 절대로 살 수 없다. 이런 것들은 오로지 자발적으로 나오기 때문이다.

세상에 존재하는 벽
& 대인 관계

이 세상에서 가장 극복하기 어려운 벽은 국가 간에 존재하는 것이 아니라 사람 사이에 존재한다. 그 벽은 눈에 보이지 않으며 신뢰, 소통, 창조성을 가로막는 장애를 형성한다.

영업 부서와 마케팅 부서가 협동하지 않을 때, 직원과 관리자 사이에 불신이 생겼을 때, 직원이 마음을 열고 솔직한 태도를 보일 수 없다고 생각하여 사내 정치와 험담하는 분위기가 팽배하고 사소한 일까지 통제하는 지경에 이르렀을 때, 직원과 조직에 발생할 막대한 손실을 생각해 보라.

이런 벽들을 허물 해법은 ≪성공하는 사람들의 7가지 습관≫ 중 '습관 4, 승-승을 생각하라', '습관 5, 먼저 이해하고 다음에 이해시켜라', '습관 6, 시너지를 내라'를 실천하는 가운데 발견된다.

요컨대, 사람들은 '내'가 아닌 '우리'를 먼저 생각하는 내적 강인함을 지녀야 한다. '반응'하기보다 먼저 '이해'해야 한다. 제3의 대안을 깊이 신뢰할 때 가만히 있어도 좋은 일이나 놀라운 일이 일어날지 모른다. 이는 우리가 몸담고 있는 조직이나 우리 삶에서 일어날 수 있다.

어느 인간관계에서나 일어날 수 있는 일이다. 당신도 알다시피 한 사람이 정말로 중요하다.

가족

우리 가족이 가는 길이 그렇듯
우리가 가는 길은 개인적이며 독자적이다.

누구도 예외일 수 없다.

그것이 시너지를 내고, 인간관계에서
즐거움과 나눔을 만든다.
우리는 모두 저마다 다른 길에서 여정을 떠난다.

긍정적 변화

기업, 공동체, 가족, 개개인에 이르기까지 각 개체는 밀접하게 연결된 생태계라고 할 수 있다.

각각의 부분은 다른 모든 부분에 살아 있는 결합을 이룬다. 어느 부분에서 일어나는 변화는 모든 부분에 영향을 미친다. 리더십 문제를 생명체에 비유하여 바라보는 법을 배울 때, 우리가 리더십 문제를 다루는 방식에 극적인 변화가 일어난다. 성공하는 리더에게 변화는 친구이자 동반자, 영향력 있는 도구, 성장의 근간이다.

긍정적 변화를 일으키는 일이야 말로 리더십과 관련된 모든 것이라고 할 수 있다.

공감적 경청과 착오 바로잡기

언젠가 하와이 오아후 섬 북쪽 해변에 있는 방에서 책을 썼다. 바람이 솔솔 불어서 방을 시원하게 하려고 창문을 두 개 열어 놓았는데 하나는 그 방의 앞쪽에, 또 다른 하나는 옆쪽에 있었다. 나는 커다란 책상 위에 많은 원고를 각 장별로 펼쳐 놓았다.

갑자기 바람이 세차게 불어와 원고가 사방으로 날아가 버렸다. 쪽 번호가 표시되지 않은 원고가 뒤죽박죽 흩어져서 나는 당황하고 허둥지둥했다.

나는 어떻게 해서든 원고를 주워 모으려고 온 방을 뛰어다녔다.

그러다 시간이 몇 초 더 걸리더라도 창문을 하나 닫았더라면 문제를
쉽게 해결할 수 있다는 것을 깨달았다.

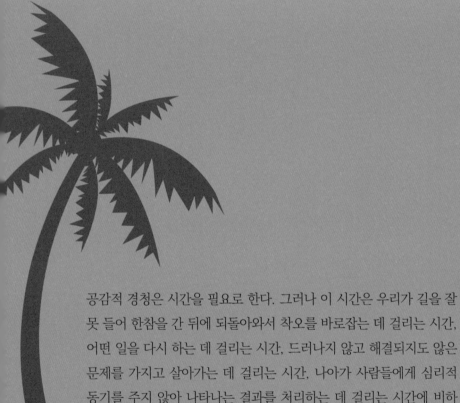

공감적 경청은 시간을 필요로 한다. 그러나 이 시간은 우리가 길을 잘
못 들어 한참을 간 뒤에 되돌아와서 착오를 바로잡는 데 걸리는 시간,
어떤 일을 다시 하는 데 걸리는 시간, 드러나지 않고 해결되지도 않은
문제를 가지고 살아가는 데 걸리는 시간, 나아가 사람들에게 심리적
동기를 주지 않아 나타나는 결과를 처리하는 데 걸리는 시간에 비하
면 아무것도 아니다.

분별력 있는 공감적 경청자는 다른 사람의 내면 깊숙이 일어나는 현상을 재빨리 알아차린다. 또한 다른 사람이 실제 문제가 있는 내면 중심부에 도달할 때까지 한 겹씩 껍질을 벗겨 내는 것을 안전하게 느끼도록 수용과 이해를 보여 줄 수 있다.

사람들은 이해받고 싶어 한다. 우리가 그들을 이해하기 위해 투자하는 시간이 얼마나 걸리든 간에 공감적 경청은 우리가 문제점을 정확히 파악하고 이해할 수 있게 함으로써 나중에 그보다 훨씬 많은 시간을 절약할 수 있도록 해 준다.

chapter

4

자연에서 배우는 교훈 넷

자신이 한 선택
이끌어 가기

용기와 진실성

올바른 원칙을 바탕으로 우리 삶을 이끌어 가고 선택의 순간에 진실 해지기 위해 우리는 큰 용기를 발휘해야 한다.

앞으로 나아가는 선택을 하라

우리는 너무 많은 기억, 너무 적은 상상으로 살아간다. 어떻게 될까 하는 생각은 거의 하지 않고, 현재가 어떻고 과거가 어떠했는지에 대한 생각만 하는 것이다. 운전에 비유하면, 백미러를 보면서 앞으로 나아가려는 것과 같다.

자기만의 날씨를 지니고 다녀라

자연을 보고 듣는다는 것은 어떤 의미일까?
또한 자기 자신의 날씨를 지니고 다니라는 말은 어떤 의미일까?

마음속에 그려 보라
월요일 아침에
비가 내린다

잿빛의 우울한 날.
이런 날에는 어둡고
우울한 기분이 든다.
우리는 감정에 젖어 든다.
온종일 일이
잘 안 풀리는 것 같다.

바깥 날씨가 끝내줄 때 기분이 나아지지 않는가?

자신 안에 자신만의 날씨를 지니고 다닌다면 어떨까?

자신 안에 자신의 날씨를 지니고 다닐 때, 사람들이 우리를 어떻게 대하든 상관없이 우리는 일관성 있게 행동하는 **선택을 할 수 있다.** 우리 자신의 날씨를 지니고 다닌다는 의미는 **주도적으로 행동한다**는 것을 뜻한다.

반응한다는 것은 주도적 행동에 반대되는 의미다. 즉, 반응한다는 것은 자신의 삶을 책임지지 않는다는 의미다. 날씨의 희생양, 자기 기분의 희생양, 우리를 위해 날씨를 가지고 있는 사람의 희생양으로 스스로를 늘 바라본다는 말이다.

우리는 선택을 내릴 힘과 자유를 가지고 있다.
또한 매일 우리 자신의 날씨를 만들어 낼 힘을 가지고 있다.

나는 누구인가?

나는 나를 둘러싼 환경의 결과물이 아니다.
나는 내가 내린 결정의 결과물이다.

변화는 끊임없고 복잡다단하며
단기간에 이루어지는 경우가 많다.

우리는 변화를 통제할 수 없다.

우리가 통제하려 할 때
변화는 위협적이고 세차게 진행된다.

그럼에도 우리는 변화를 이해하고, 변화에 조화를 이루며 활동하고,
변화에 영향을 주고, 변화를 이룩하는 방법까지 배울 수 있다.

선택

선택은 인간 역량의 숨품 보늠*, 즉 최고 선이다. 선택은 우리로 하여금 변화와 변하지 않는 것을 효과적으로 다룰 수 있도록 한다. 인간이 자연에서 선택을 내릴 수 있는 유일한 존재는 아니다. 하지만 선택의 두 가지 요소는 인간에게만 해당된다.

첫째, 인간만이 선택을 위한 광범위한 시야를 가지고 있다. 인간은 자연의 모든 존재 중 가장 수준 낮으면서도 가장 아름답고 희망 가득한 행동을 할 수 있다.

둘째, 인간만이 윤리적 선택을 할 수 있다. 그런 까닭에 나머지 창조물을 존경심을 담아 관리해야 할 책임을 우리에게 부여하는 것이 인간 선택의 능력이자 본질이다.

선택을 내릴 수 있는 우리의 능력은 우리 각자가 리더라는 사실을 확실히 보여 준다.

* summum bonum, 고대 그리스 철학의 궁극적 목표로 '최고 선'을 의미하는 라틴어 표현
_ 옮긴이

모든 선진 사회에서 출판되는 위대한 문학 작품은

사랑 = 동사

후진적이고 반사적인 사람은 사랑을 느끼는 감정으로 본다.

후진적이고 반사적인 사람은
이러한 감정의 노예가 된다.

할리우드 영화의 각본은 대부분
다음과 같이 믿게 한다.

1. 행동에 대한 책임을 지지 않아도 된다.
2. 우리는 감정의 동물이다.

이 각본들은 현실을 있는 그대로 기술하지 않는다.
만일 감정이 우리가 하는 행동을 통제한다면, 그것은

1. 자신의 책임을 포기하고
2. 감정으로 하여금 그렇게 하도록 내버려 두었기 때문이다.

주도적인 사람은 사랑을 동사로 만든다.

사랑은 우리가 행하는 그 무엇이다.

선택과 영구불변한 원칙

선택을 내릴 수 있는 우리의 능력은 우리 각자가 리더라는 사실을 확실히 보여 준다. 매일 우리는 선택을 하고 그 선택은 삶, 가족, 조직, 공동체가 나아가는 방향에 영향을 미친다. 만약 자연법칙에 대한 이해가 부족하거나 이해 없이 선택을 한다면, 그 선택은 단순화되고 반작용적이며 근시안적이고 자기중심적이 될 확률이 높다.

그 중심에서는 거의 모든 개인이나 조직의 실패가 서투른 의사 결정에 기인한다는 점을 확인할 수 있다.

우리가 영구불변한 원칙을 바탕으로, 즉 무한한 자연법칙을 바탕으로 변화를 다루고 창조해 나가는 법을 배울 때, 우리는 긍정적 결과를 창출한다. 우리의 선택에서 지혜가 묻어나며 이는 기여로 이어진다. 우리는 다른 사람 또한 선택을 할 수 있다는 점을 인식하고, 행동을 통제하려 하기보다는 인간의 잠재력을 발현하는 방식으로 리더십을 발휘해야 한다.

변혁과 변화를 이해하기

변화에 효과적으로 대처하려면 먼저 변화를 이해하고 변화를 존중해야 한다.

농부가 농작물이 자라는 생화학적 반응을 다 이해하지 못할지도 모른다. 씨앗을 뿌리고 농작물을 키우는 자연적 과정을 이해할 때 농부는 생산성을 더욱 향상하게 된다.

의식적 선택

우리는 어떻게 더 나은 선택을 할 수 있을까?
우리는 원칙의 가치를 중시하는 선택을 할 수 있다.
사회 여건의 허울과 그 이면을 바라보고 삶과 리더십의 본질을 파고
드는 선택을 내릴 수 있다.
원칙을 구하고 그 원칙을 실제로 이해하고 적용하며 원칙에 일치된
삶을 살아갈 수 있다.

원칙에 따라 결과가 달라진다.
가치에 따라 행동이 달라진다.

우리의 가치가 원칙과 조화를 이룰 때 더 나은 의사 결정을 내릴 수 있
으며 내적 평화가 강화된다.

시각화와 확언

우리는 창의성을 바탕으로 하는 우뇌를 활용하여 시각화를 해서 '확언'을 문장으로 작성할 수 있다. 이로써 우리의 일상생활에 우리가 중시하는 가치들을 적용해 나갈 수 있다.

올바른 확언의 기본 요소

개인적

긍정

시각적

현재형

감정적

나는 확언을 문장으로 작성할 수 있다.

"아이들이 버릇없이 굴 때 내가(개인적)
지혜, 사랑, 결의, 자기 조절(긍정)로
대처하는 것(현재형)은
행복을(감정적)
충만하게 한다."

chapter

5

자연에서 배우는 교훈 다섯

다양성 존중하기

우리는 장점을
어디에서 얻을까?

장점은 유사점이 아닌 다름에 존재한다.

가족 활동은 시너지 활용의
가장 좋은 경험

결혼하고 난 뒤 이루어지는 변혁적이며 친밀한 연결에서 기적 같은 일이 일어난다. 아기가 태어나는 일은 시너지가 발휘되어 이루어지는 가장 경이로운 결과다. 아기는 본래 엄마와 아빠의 고유한 조합으로 탄생한다.

삶을 살면서 많은 고난을 겪지만, 가족 갈등은 무엇보다도 가슴이 아픈 일이다.

여기에 아이러니가 있다.

우리는 가정에서 숭고한 시너지와 즐거움 또는 극심한 고통을 경험하기도 한다. 아무리 성공해도 가정생활의 실패를 보상받을 수 없다고 생각한다. 합당한 이유로 결혼 생활이 끝나는 경우도 있지만, 대부분 부부가 서로에게 (다름으로 인한) 실망한 나머지 결혼 생활을 끝낸다. '성격 불일치'라는 말이 이혼 사유로 자주 거론된다. '성격 불일치'라

는 말에는 재정적, 감정적, 사회적, 성적 갈등 등 여러 다양한 문제가
반영되어 있다. '성격 불일치'는 차이점을 소중히 여기지 않고 다르다
는 것에 분노하는 데서 비롯된다.

시너지 효과는 갈등 해결이나 절충안 도출에 국한되지 않는다

우리는 시너지를 낼 때 갈등을 초월한다.
새로운 무엇인가로, 새로운 가능성으로 모든 사람을 흥분시키고
미래를 완전히 바꿔 놓는 그 어떤 것으로 넘어간다.
시너지는 내 방식이나 상대의 방식보다 더 유용하다.

시너지는 하나의 기적이다.

우리를 둘러싼 모든 것이 시너지다. 시너지는 자연계 도처에서 일어
나는 활동의 본질이다. 삼나무들은 뿌리들이 엉켜서 바람에 대항해
굳건히 견디며 놀라울 정도로 높이 자란다. 'V' 자 모양으로 날아가는
새들은 날갯짓으로 상승 기류를 만들어 내어, 한 마리가 날 수 있는 거
리의 두 배 가까이를 날 수 있다. 요컨대, 전체가 각 부분의 합보다 더
크고 유용하다.

진정한 시너지 경험하기

진정한 시너지를 한 번 경험하고 나면, 과거와는 완전히 다른 모습으로 탈바꿈하게 된다. 마음을 넓혀 가는 좋은 체험을 할 수 있다는 가능성을 알게 된다.

사람들은 흔히 특별한 시너지적 경험을 다시 해 보려고 하지만, 이것이 성공할 가능성은 희박하다. 그렇지만 이 같은 의의 있는 과업 뒤에 숨은 본질적인 목적은 다시 추구할 수 있다. 동양 철학에 '우리는 스승을 모방하려고 애쓰지 않는다. 그보다는 스승이 추구한 것을 찾고자 한다.'라는 말이 있다. 이처럼 과거의 창의적 시너지 경험을 다시 한번 흉내 내려고 하기보다, 새롭고 신선하고 보다 고차원적인 목적을 가진 시너지 경험을 추구하는 것이 우리에게 낫다.

시너지는 멋진 것이다.
생산성 또한 놀라운 것이다.

그런데 이것은 열린 마음과 커뮤니케이션이 만들어 낼 수 있는 현상
이다. 나아가 시너지와 창의력이 가져다주는 엄청난 이득과 개선은
마음을 여는 일이 힘들지만 해 볼 만하다는 사실을 가르쳐 준다.

타인의 마음

나는 서방 국가들과 전 세계 이슬람 공동체 사이의 우호 관계 구축에
애쓰는 국제 포럼에 소속되어 있다. 이 포럼에는 세계를 선도하는 외
교관도 참여한다.

얼마 전 나는 마인드세트mindset, 시너지적 실천, 제3의 대안에 대한
사고를 주제로 포럼에서 강연을 해 달라는 초청을 받았다. 이에 우리
는 영향력 있는 경청에 대한 원칙 및 서로를 진정으로 이해하는 기술
을 습득하고 실천하면서 며칠을 함께 보냈다. 참가자 각자가 진심으
로 경청하고 반대 의견에 스스로 마음을 열고 다른 사람의 마음을 느
끼기 위해 애써야 했다.

나는 깊이 있는 경험을 했으며, 그 과정을 거치면서 그 집단이 완전히
달라지는 모습을 보았다. 참가자들은 사회, 문화, 종교 등 거의 모든
분야에서 달랐다. 그럼에도 그들은 서로를 존중하며 애정까지 드러냈
다. 한 사람이 내게 이런 이야기를 해 주었다.
인생에서 그토록 영향력 있고 변혁적인 일을 본 적이 없노라고. 이 철
학이 국제 외교에 완전한 변혁을 일으킬 수 있다고.

차이점을 소중히 여기기

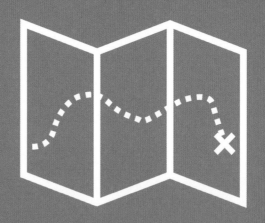

위대한 결혼은 각 배우자가 서로의 차이점을 소중히 여길 때 비로소 성립된다.

배우자가 결혼할 때 가져오는 문화, 재능, 장점, 기벽, 별난 습관, 타고 난 소질 등은 감사하는 마음, 기쁨, 창조성의 원천이 된다.

남편은 성격이 급해서 재정을 파악하는 일을 고달프게 생각한다. 그렇지만 즉흥적인 성격이 즐거움을 느끼게도 한다. 아내의 신중함이 가끔 남편을 답답하게 하지만, 아내의 고귀한 일 처리 방식은 남편에게 매력으로 다가오며 남편은 경외심 가득한 마음으로 아내를 바라본다.

부부는 서로를 소중히 여기기 때문에 기쁨과 존엄이라는 요소로 독특하게 연결된다. 차이점을 소중히 여기는 부부는 그들만의 독특하고 소중한 가족 문화를 창출한다.

사람들이 시너지에 도달할 때 그들의 마음을 이해한다

이 지점에서 사람들의 마음이 열리고, 창조적이 되고, 꺾이지 않는 용기가 생긴다. 방어적 태도는 제거되고, 두려움이 소멸되며, 창조성이 발현된다.

우리는 소위 티핑 포인트*에 도달한다. 이 단계에서 사람들은 받아들일 수 없는 부분을 더는 수용하지 않고 풍요로운 미래로 함께 나아간다.

우리는 가던 길을 멈추고 파괴적 행위를 중단해야 한다. 인명 손실 및 많은 부분에 가해지는 파괴적 행위를 멈춰야 한다. 이런 활동은 가정에서든 직장에서든 우리가 속해 있는 커뮤니티에서든 각기 영향력의 원 안에 있는 우리 개개인과 함께 시작된다. 이로써 "우리는 세상의 본보기가 되고 평화를 창조할 수 있다. 또한 우리는 우리의 영향력을 성장시켜 다른 사람이 평화를 발견하도록 도울 수 있다."

* 일정 기간 동안 작은 변화들이 쌓여 작은 변화가 하나만 더 일어나더라도 큰 영향을 일으킬 수 있는 단계

_옮긴이

상호 관계

자연의 모든 것은 다른 모든 것과 연관되어 있다. 땅속에서 식물들이 자라도록 하는 미생물, 식물의 엽록소를 설탕으로 변환하는 빛의 광합성 작용, 다른 생명체를 위한 먹을거리 생산 등을 생각해 보라. 자연을 무심히 바라보는 일을 넘어서면서부터 상호 관계의 복잡한 단계가 드러나기 시작한다.

유기적이며 상호 관련성이 높은 전체가 아닌, 기계적이며 각각 분리된 부분이라는 관점에서 조직을 바라볼 때 리더인 우리에게 문제가 닥친다.

자연은 우리에게 기업, 가족, 각종 커뮤니티가 복잡한 생태계라는 사실을 알려 준다. 한 부분에 일어나는 일이 모든 부분에 영향을 미친다는 사실도 알려 준다. 한 사람 한 사람이 소중하다는 점, 한 사람 한 사람이 전체의 행복에 기여한다는 점을 자연은 우리에게 알려 준다.

성공하는 삶 체험하기

이 책의 초반부에 이 책을 단순히 읽는 차원을 넘어서는, 활동을 위한 과제가 제시되었다. 그 과제는 그것을 체험하고 수용하고 지금보다 더 성공하는 삶을 받아들이는 길을 걷기 시작하는 것이다.

여기서부터 우리는 코비 박사가 제시한 사상을 수용하는 첫 발걸음을 내디딜 수 있다.

코비 박사의 메시지를 읽어 오면서, 몇몇 아이디어가 번뜩 떠올랐을 법하다. 성공 수첩 작성은 그러한 아이디어를 잊지 않는 것(그러한 번득임을 잃지 않는 것)이 아니라 그 아이디어를 맹렬히 타오르는 불꽃으로 전환시키는 일이다.

성공 수첩 작성과 관련된 활동이 있다.

하나도 놓치지 않고 집중해서 해 보기 바란다.

그것은 지루한 활동이 아니다. 스트레스를 받는 일도 아니다. 싫증나는 일도 아니다.

성공 수첩의 내용을 짚어 나감에 따라 갑자기 변화가 일어날 수도 있다. 모든 게 변할 수도 있다.

자, 이제 성공하는 삶으로 나아가기 위한 다섯 테마를 점검하는
일부터 시작하자.

- **자연이 우리에게 자연법칙을 가르치도록 하라**
  자연법칙에서 발견된 원칙을 인식하고 모델로 만들어라.

- **자연이 우리의 자아 인식을 확대하게 하라**
  개인의 패러다임을 점검하여 이를 더 많이 인식하고 개인의 책임감을
  행동으로 옮겨라.

- **자연이 인간관계를 발전시키는 법을 가르치도록 하라**
  이런저런 것들이 아닌 사람에게 집중력을 발휘하여 개인의 삶과 인
  간관계에서 리더가 될 기회를 찾아라.

- **자연이 우리의 선택을 이끌어 가게 하라**
  옳은 선택을 하여 영향력을 찾아라.

- **자연이 우리에게 다양성을 존중하는 법을 보여 주게 하라**
  우리 주변에 존재하는 다양한 것들을 존중하라.

자연이 우리에게 자연법칙을 가르치도록 하라

사고하고 성찰하는 시간을 가지는가? 자신의 내면을 들여다보고 명확하게 생각하는 기회를 늘릴 수 있는가? 내 계획은 무엇인가? 오른쪽 페이지에 적어 보자.

어떻게 세찬 빗속으로 들어가 쏟아지는 비를 느낄 수 있을까?

가슴에 반복하여 새겨야 할 말:

**'평온은 역동적 창의적 사고, 창조적 커뮤니케이션을
일으킨다.'**

평온을 유지하는 것이 나의 장점인가? 그렇다면 어떻게 평온을 유지
하는가? 그 방법을 다른 사람에게 알려 줄 수 있는가?
그러한 장점을 어떻게 발전시킬 수 있는가?

농장의 법칙을 생각해 보라. 어떤 씨앗을 뿌리고 있는가? 어떤 수확물을 거두어들이고 있는가? 무엇이 풍작인가? 무엇을 변화시키고 싶은가?

자연이 우리의 자아 인식을
확대하게 하라

코비 박사는 우리가 지닌 궁극의 자유를

"다른 사람이 우리에게 어떤 영향을 미치는가를
결정할 것이다."

라고 설명했다.

이 말을 기준으로 삼는다면 여러분은 완전한 자유를 성취했다고 생각
하는가? 그렇지 않다면 무엇을 변화시킬 수 있는가?

가슴에 반복하여 새겨야 할 말:

"문제가 '저 밖에' 있다고 생각한다면 그 생각 자체가 문제다."

어떤 상황에 봉착했을 때 주도적 행동보다 반응적 행동이 더 쉽게 나오는 이유는 무엇일까? 우리 자신의 성향은 어떠한가? 어떻게 개선할 수 있을까?

"외부에서 객관적으로 우리 자신을 들여다보기 전까지, 우리는 우리의 동기를 다른 사람에게 투사할 것이다."

여러분은 살아오면서 이런 경험을 해 본 적이 있는가? 이런 현상이 대인 관계에 어떤 영향을 미친다고 생각하는가?

다음은 코비 박사가 한 말이다.

"우리는 기분 상하지 않을 수 있다. 상대를 찾아 공감적 경청을 할 수 있다."

기분이 상해 본 일이 있는가? 앞으로는 기분이 상할 때 어떻게 행동할 것인가?

자연이 인간관계를 발전시키는 법을 가르치도록 하라

여러분은 대인 관계에 불건전한 벽을 세운 적이 있는가? 불건전한 벽이란 무엇인가? 어떻게 해야 그 벽을 허물어뜨릴까?

우리 가족의 고유하고 소중한 가족 문화는 무엇인가?

남의 말을 잘 경청하는 사람을 알고 있는가? 주위에 그런 사람이 있을 때 어떤 생각이 드는가? 내 주위 사람들도 나와 같은 기분일까? 그렇지 않다면 앞으로 어떻게 변화할 계획인가?

171

대인 관계를 발전시키고 싶은가? 누구와 관계를 발전시키고 싶은가?
왜 관계를 발전하려고 하는가? 그렇게 하기 위해 갖고 있는 계획은?

자연이 우리의 선택을
이끌어 가게 하라

어떻게 해야 변화에 잘 적응할까? 변화를 좋은 일로 보는가?
나쁜 일로 보는가? 그 이유를 적어 보자.

자신이 선택한 삶의 원칙 3~4가지를 적어 보라. 그 원칙들이 삶의 평화를 성취하는 데 어떤 도움을 주는가? 왜 그 원칙들을 선택했는가? 그밖에 어떤 원칙들을 선택하고 싶은가?

코비 박사는 사람들에게 다음과 같은 말을 남겼다.

"우리의 선택은 지혜를 비추고 헌신으로 이어진다."

이 말을 어떻게 생각하는가?

자신의 날씨를 지니고 다니라는 말을 다시 생각해 보라. 자신의 날씨를 지니고 다니는 그림을 그린다면 어떻게 그릴 수 있을까?
어떻게 개선하면 될까?

자연이 우리에게 다양성을
존중하는 법을 보여 주게 하라

여러분은 스스로의 미래상을 그려 본 적이 있는가?
가족의 미래상은 어떠한가? 대인 관계에 대한 미래상은 어떠한가?

전체가 각 부분의 합보다 크고 낫다는 사실을 자기 삶 속 대인 관계에서
인식하는가? 시너지의 기적을 체험한 적이 있는가?
그 기적을 다른 대인 관계로 확대할 수 있을까?

우리가 배우자와 하나의 인간관계를 형성했다면, 배우자는 나 자신과 어떻게 다른가? 그 차이점을 소중히 여기는가?
더 많은 차이점을 소중히 여길 방법은 무엇인가?

내 삶이 평화롭다고 느끼는가? 코비 박사가 남긴 말에 비추어 생각해 보자.

"우리는 세상의 본보기가 되고 평화를 창조할 수 있다. 또한 우리는 우리의 영향력을 성장시켜 다른 사람이 평화를 발견하도록 도울 수 있다."

본보기가 되고 평화를 창조하여 다른 사람이 우리에게서 평화를 발견할 수 있도록 하려면, 우리 삶에 어떤 일이 일어나야 할까?

이를 위한 당신의 계획은 무엇인가?

결론

이 책에서 깊은 깨달음과 통찰력을 얻었는가?

이 책에서 얻은 지혜 중 어떤 것을 사람들과 나누고 싶은가?
우리 자신의 배움과 통찰을 누구와 함께하고 싶은가?

이 책의 내용 중 어떤 부분이 당신에게 감명 깊게 다가왔는가?
그 이유는 무엇인가?

스티븐 코비에게 배우는

효과적인 삶

초판 1쇄 발행 | 2020년 5월 8일

지은이 | 스티븐 코비
펴낸이 | 정광성
펴낸곳 | 알파미디어
기획·편집 | 정내현
출판등록 | 제2018-000063호
주소 | 서울시 강동구 천호대로 1078, 208호(성내동·CJ나인파크)
전화 | 02 487 2041
팩스 | 02 488 2040

ISBN 979-11-963968-6-2 (03320)
값 13,800원

이 도서의 국립중앙도서관 출판예정도서목록(CIP)은 서지정보유통지원시스템 홈페이지(http://seoji.nl.go.
kr)와 국가자료종합목록 구축시스템(http://kolis-net.nl.go.kr)에서 이용하실 수 있습니다.
(CIP제어번호 : CIP2020015683)

※ 출판을 원하시는 분들의 아이디어와 투고를 환영합니다. alpha_media@naver.com